FOLIE ET RAISON

FOLIE ET RAISON

PAR

UN ÉLECTEUR

L'esprit de parti abaisse les plus grands hommes jusqu'aux petitesses du peuple.

(LA BRUYÈRE).

BOULOGNE-SUR-MER

Imp. et Lith. F. DELAHODDE, rue Royale, 8 ter.

—

1876.

LA TÊTE ET LA QUEUE DU SERPENT.

Le serpent a deux parties
Du genre humain ennémies,
Tête et queue ; et toutes deux
Ont acquis un nom fameux
Auprès des Parques cruelles :
Si bien qu'autrefois entre elles
Il survint de grands débats
Pour le pas.
La tête avait toujours marché devant la queue,
La queue au Ciel se plaignit
Et lui dit :
Je fais mainte et mainte lieue
Comme il p'aît à celle-ci.
Croit-elle que toujours j'en veuille user ainsi ?
Je suis son humble servante.
On m'a faite, Dieu merci,
Sa sœur et non sa suivante.
Toutes deux du même sang,
Traitez-nous de même sorte :
Aussi bien qu'elle je porte
Un poison prompt et puissant.
Enfin voilà ma requête :
C'est à vous de commander
Qu'on me laisse précéder,
A mon tour, ma sœur la tête,
Je la conduirai si bien
Qu'on ne se plaindra de rien.

Le Ciel eut pour ses vœux une bonté cruelle.
Souvent sa complaisance a de méchants effets.
Il devrait être sourd aux aveugles souhaits.
Il ne le fut pas lors ; et la guide nouvelle,
Qui ne voyait au grand jour
Pas plus clair que dans un four,
Donnait tantôt contre un marbre,
Contre un passant, contre un arbre :
Droit aux ondes du styx elle mena sa sœur.
Malheureux les Etats tombés dans son erreur.

(LA FONTAINE Liv. VII Fab. 17.

I.

Tout le monde reconnaît que ce sont les partis qui font le malheur de notre pays, et je ne crois pas qu'il y ait un homme en France, quelles que soient d'ailleurs ses opinions personnelles, qui refuse d'admettre une vérité aussi incontestable.

Bien souvent déjà des hommes généreux ont combattu et flétri comme il le mérite ce sentiment criminel qui aveugle à ce point Royalistes, Bonapartistes et Républicains, que chacun oublie les intérêts de la France pour ne s'occuper que de ceux de son parti.

Malheureusement, c'est prêcher des sourds, ou, ce qui est pis encore, des gens qui ne veulent pas entendre.

Or, que peut-il résulter pour un pays d'un semblable état des esprits ?

Rien que de terrible assurément. Car, chaque parti tirant de son côté, luttant pour triompher, la nation tout entière se trouve engagée dans cette lutte et manque par conséquent du calme qui lui est si nécessaire, qui seul pourrait lui donner le bonheur et la prospérité.

Et si l'un des partis finissait par l'emporter, le gouvernement qu'il établirait aurait à lutter de plus belle contre ses adversaires réunis.

C'est donc une guerre sans fin, car, pour qu'elle eût un terme, il faudrait, ou bien que les partis vaincus cessassent d'exister, ce qui ne se peut pas, ou bien que l'homme qui aurait su profiter des circonstances pour arriver au pouvoir, sût ensuite tenir le pays sous le joug et le gouverner comme la grue de la fable gouvernait ces pauvres grenouilles, — cela se voit ailleurs que dans les étangs — ; mais cela même ne pourrait durer toujours.

N'y a-t-il donc alors aucun moyen de sortir d'une situation qui, au premier coup d'œil, paraît sans issue ?

Un peu de patience, lecteurs, je vous prie. Cherchons ensemble, si vous le voulez bien, et nous trouverons la solution, je l'espère ; car je crois qu'il y en a une, et mon amour sincère pour mon pays me fait un devoir de la lui faire connaître. C'est à lui qu'il appartiendra de l'apprécier.

Nous avons en France trois grands partis :

Les Royalistes,
Les Bonapartistes,
Les Républicains.

Or, ce serait folie que d'espérer voir jamais l'un de ces partis rallier à lui les deux autres.

Chacun d'eux, d'ailleurs, donne prise par plusieurs côtés aux attaques de ses adversaires :

Pourquoi la royauté déplaît-elle à beaucoup de gens ? C'est parce qu'ils redoutent de voir avec elle la noblesse et le clergé jouir de tous les priviléges ; c'est parce qu'ils n'admettent pas l'hérédité du pouvoir ;

Pourquoi le parti impérialiste a-t-il des ennemis ? C'est parce que ceux-ci ne reconnaissent pas ses droits comme légitimes et craignent avec lui des abus, des guerres, etc. ;

Pourquoi, enfin, y a-t-il un si grand nombre de Français qui ne seront jamais Républicains ? Ah ! cela je vais vous le dire, ou plutôt je vais vous dire ce que, pour mon compte, je pense de la République.

J'ai bien souvent entendu des démocrates faire l'éloge

de leur gouvernement préféré ; je les ai entendus surtout répéter bien souvent ceci : « Vous pouvez ne pas être » partisan de la République en France, mais il est » impossible que vous n'admiriez pas les immortels » PRINCIPES RÉPUBLICAINS. »

Admirer les principes Républicains, moi ! Mais ce sont précisément ces principes que je réprouve et que je trouve absurdes.

Que le chef du gouvernement se nomme Roi, Empereur, ou Président de la République, cela m'importe peu, je vous assure ;

Que des Républicains aient, au nom de la Liberté, de l'Égalité et de la Fraternité, abreuvé le sol sacré de la France du sang de tant de victimes françaises lâchement égorgées, ma philosophie, à la rigueur, pourrait pardonner à ces monstres, comme on pardonne à des brutes avinées, à des fous furieux qui n'ont pas conscience de leurs actes ;

Mais ce que je ne puis admettre, ce qui révolte ma raison, c'est QU'UN PEUPLE SE GOUVERNE LUI-MÊME, c'est que ce peuple nomme ses représentants, en un mot, c'est le SUFFRAGE UNIVERSEL, c'est le POUVOIR DONNÉ A LA MAJORITÉ, c'est la RAISON DU PLUS FORT ACCEPTÉE COMME LA MEILLEURE, ce sont : les *PRINCIPES RÉPUBLICAINS.*

Aristide était un Athénien à qui ses vertus avaient mérité le surnom de Juste. Les Athéniens votèrent son bannissement. Pendant le vote, Aristide comprit qu'il lui fallait céder devant cette foule excitée contre lui, et il était résigné à son sort, quand, apercevant un homme en train d'écrire son nom sur une coquille, ce qui signifiait qu'il votait son exil, il s'approcha de lui et lui demanda avec douceur pourquoi il agissait ainsi et quel crime Aristide avait commis pour qu'il lui parût mériter une telle peine : « *Je ne connais pas Aristide,* » répondit l'homme ; « *mais*

« *il me déplaît, parce que c'est un intrigant qui a su se* « *faire appeler Le Juste par tout le monde.* »

Un électeur de nos jours ne raisonnerait pas mieux.

Eh bien ! voilà le suffrage universel ! Tel il était alors, tel il est aujourd'hui, tel il sera jusqu'à la consommation des siècles, si on ne l'abolit.

Cela s'explique d'ailleurs :

Tous les hommes qui n'ont pas une intelligence supérieure, c'est-à-dire par conséquent presque tous les hommes, sont malheureusement enclins à se laisser entraîner sans réflexion à leur premier mouvement. Dans un élan d'enthousiasme, la foule acclamera d'une seule voix un homme que le lendemain, dans un transport de fureur, elle déchirera en morceaux, passant ainsi sans réflexion d'une passion à une autre passion opposée : cela encore a toujours été et sera toujours, plus peut-être, hélas ! en France que partout ailleurs.

Il y a cependant, j'en conviens, une APPARENCE de raison à consulter sur une chose l'avis du plus grand nombre, mais cela n'est VÉRITABLEMENT RAISONNABLE qu'à la condition *sine quâ non* que tous ceux qui sont consultés SOIENT APTES A DONNER LEUR AVIS.

Par exemple, dans une île de l'Océanie habitée par des sauvages, chaque homme doit pourvoir à tous ses besoins : s'il a faim, il prend son arc et ses flèches et va tuer, pour s'en nourrir, le premier animal qu'il rencontre ; s'il a froid, il écorche cet animal et de sa peau se fait un vêtement ; s'il a besoin d'un abri, il se construit lui-même une hutte. Dans une semblable société, tous les hommes savent faire tous les métiers : ils sont tous chasseurs, tous tailleurs, tous architectes, tous guerriers, etc. Donc ils sont tous aptes à se juger entre eux, et, s'ils ont à se choisir un chef, ils peuvent l'élire au suffrage universel : il y a quelque raison de croire que celui qui aura obtenu la majorité des voix sera en effet le plus digne. Il en sera de même s'ils se réunissent pour délibérer sur une question quelconque, dans l'intérêt général.

Mais, dans un pays civilisé, où l'on perfectionne sans cesse tous les genres d'industrie, tous les arts, toutes les sciences, chaque homme est obligé d'apprendre l'état qu'il veut exercer et ne peut exercer que celui qu'il a appris. Un tailleur ne sait pas construire une maison ; un médecin ne serait pas capable de plaider une cause ou de commander une armée. Peut-on admettre que tout le monde s'occupe de la politique qui est une science, sans l'avoir étudiée ? Évidemment, non !

Donc, le suffrage universel est une absurdité.

Ainsi, par exemple, il est ABSURDE d'admettre que les habitants d'une ville puissent élire un simple conseiller municipal.

En effet, le plus grand nombre des votants ne connaissent même pas le candidat, — car, pour connaître un homme il ne suffit pas de lui avoir fourni des chemises ou des chapeaux, ou de connaître quelqu'un qui le connaisse ; — beaucoup votent sans comprendre ce qu'ils font ; beaucoup n'obéissent qu'à des sympathies ou à des antipathies personnelles, qu'à la jalousie, qu'à leur intérêt propre — et TOUS, TOUS, *même ceux qui veulent agir selon leur conscience et qui connaissent parfaitement le candidat*, TOUS, dis-je, sont ENTIÈREMENT INCAPABLES DE LE JUGER.

Pour ma part je me reconnais tout à fait incompétent en pareille matière ; je sais bien que presque tous mes concitoyens ont une plus haute idée d'eux-mêmes, mais, comme ma modestie ne va pas jusqu'à admettre qu'ils aient raison, je vais me donner la peine de leur démontrer qu'ils ont tort.

Vous connaissez M. ***, dites-vous ? C'est un honnête

homme, un bon père de famille, un négociant intelligent. Je lui accorde volontiers toutes ces qualités, pour vous être agréable ; mais, avant de le choisir pour veiller aux intérêts de votre ville, savez-vous s'il a des capacités comme administrateur ? POUVEZ-VOUS VOUS EN RENDRE COMPTE ? Ne peut-il pas être un savant, un homme de génie même, et ne rien entendre aux choses dont il aura à s'occuper pour remplir les fonctions que vous voulez lui confier ? Il est même presque certain qu'il en sera ainsi, car il n'a pas fait d'études spéciales, et je le repète, il FAUT ÉTUDIER POUR SAVOIR: *et c'est précisément par la même raison que vous êtes, vous, incapables de le juger.* N'insistez pas : vous me forceriez à vous dire que ce sont toujours les plus incapables qui ne veulent pas convenir de leur incapacité parce qu'ils n'ont pas le bon sens de la reconnaître.

Est-il jamais venu à l'idée de personne, je vous prie, de vouloir que le peuple nomme au suffrage universel les avocats, les ingénieurs, les généraux, les professeurs, les médecins, etc.?

Non, n'est-ce pas ? Et cela, parce que, pour exercer ces diverses professions, il faut en être reconnu capable, et que les gens qui n'ont pas la moindre notion de médecine, la moindre connaissance militaire ne peuvent nommer un officier ou un médecin. — Comme l'a dit judicieusement M. Taine, dix millions d'ignorances, ne font pas un savoir.

Cet officier, ce médecin, doivent au contraire, APRÈS AVOIR FAIT DES ÉTUDES SPÉCIALES, être examinés par des hommes plus expérimentés encore, qui, eux, sont à même de juger les candidats, de leur accorder ou de leur refuser le diplôme qu'ils sollicitent.

De même pour administrer une ville, pour être admis à débattre les questions politiques, je soutiens qu'un homme doit prouver qu'il a de hautes capacités, et que ce ne sont pas des gens qui n'y entendent rien qui peuvent le juger.

Eh bien ! nous touchons à la solution. Je viens de faire allusion aux écoles d'où sortent nos ingénieurs, nos professeurs, etc., écoles qui sont uue des gloires de notre pays.

Qu'on fonde de même une ÉCOLE GRATUITE d'où sortiront nos conseillers généraux et municipaux, nos préfets, nos maires — au moins ceux des villes qui ont une certaine importance, — nos députés, etc., après avoir subi des examens.

Cela serait infiniment plus raisonnable que de s'en rapporter au suffrage universel, et cela aurait mille avantages que je vais essayer de vous montrer :

Et d'abord, pour attaquer le taureau par les cornes, ce serait beaucoup plus démocratique.

Que veulent en effet les démocrates ? Participer aux affaires publiques, voir abolir tous les anciens priviléges, arriver à ce que le fils du prolétaire (c'est le mot, je crois) puisse prétendre à toutes les fonctions comme le fils du grand seigneur.

A la vérité cette ambition est légitime, MAIS A LA CONDITION que ce fils de prolétaire ait une intelligence élevée, une instruction SUFFISANTE, et, par dessus tout, un jugement sain, ce qui ne s'acquiert que par L'HABITUDE DE LA RÉFLEXION.

Or, qu'arrive-t-il avec le suffrage universel ? Sont-ce les pauvres ouvriers qui sont nommés les jours d'élection ? Non, ce sont les riches négociants, les notables, ceux que leur position met en évidence, hommes d'une intelligence souvent bien inférieure, mais qui savent par leurs professions de foi plus ou moins sincères flatter les classes ouvrières pour obtenir leurs suffrages. Quant aux MASSES, ces bonnes grandes bêtes de masses (aussi bonnes au fond qu'elles sont bêtes, mais aussi bêtes qu'elles sont grandes,) elles ne gouvernent nullement et sont bel et bien gouvernées ; seulement elles se figurent que c'est le contraire et elles avalent la pilule sans même s'en douter parce qu'on a eu soin de la leur dorer.

En revanche, au lieu de partager tout leur temps entre la famille et l'atelier et de jouir ainsi de leur bonheur paisible,

O fortunatos nimium, sua si bona nôrint !

elles lisent et commentent les discours de leurs députés, traitent les questions politiques au cabaret, et les traitent avec un aplomb, oh ! mais un aplomb et une profondeur de vues dont on n'a pas idée dans les hautes sphères :

Si tel ministre avait demandé conseil à celui-ci avant de faire telle chose, nous ne verrions pas aujourd'hui, etc ;

Si le Général ***, dans la dernière guerre, avait opéré tel mouvement au lieu de tel autre, la face des choses eût été changée ;

Telle réforme qui vient d'être adoptée n'a pas le sens commun.

Et patati, et patata ! Quel bonheur de causer de tout cela, et comme c'est beau le gouvernement du pays par le pays !

Et moi je dis : « O savetier, quand donc feras-tu ton » métier ! »

Il n'y a du reste qu'un inconvénient à tout cela, c'est que ce qui plait à l'un est exactement ce qui déplait à l'autre, et que, plus ces braillards discutent, moins ils s'entendent.

Quand je dis « *discutent* », c'est un euphémisme ; car on ne discute pas : on crie, on beugle, et cela d'autant plus fort qu'on dit des choses moins sensées.

Tous ces hommes sont dans un état d'effervescence continuel qui redouble chaque fois qu'il doit y avoir des élections, ce qui les empêche de faire usage du peu de bon sens qu'ils auraient peut-être s'ils pouvaient raisonner froidement, s'ils n'étaient avant tout des hommes de parti, entraînés presque malgré eux par le désir qu'a chacun de l'emporter sur ses adversaires.

Voilà les résultats du suffrage universel : diviser les citoyens d'un même pays en plusieurs camps ennemis ; entretenir, raviver sans cesse les haines des uns contre les autres et les exciter à s'entre-déchirer comme des bêtes féroces !

Est-ce donc là, je le demande, le moyen de s'entendre ?

Au contraire, qu'arriverait-il avec mon système ?

Le fils d'un ouvrier, comme le fils d'un grand seigneur, pourrait devenir député, MAIS SEULEMENT APRÈS AVOIR PASSÉ PAR L'ÉCOLE dont je parlais tout-à-l'heure, et avoir été reconnu capable aux examens de sortie, de même que tout fils d'ouvrier peut, en sortant de l'Ecole de Médecine, exercer la profession de médecin, en sortant de Saint-Cyr, obtenir son brevet de sous-lieutenant pour devenir plus tard colonel et maréchal de France. Alors moi, qui souffre passablement de voir M. A... élu par le suffrage universel parce qu'il a crié avec plus de force que de conviction : Vive le Peuple Souverain ! je serai enchanté de voir M. B... reçu à la Chambre, quelque basse que soit son origine, parce que je saurai qu'il est capable de remplir son mandat.

De cette façon, on ne pourrait dire qu'il y eût un privilége en faveur d'aucune classe ; les bonnes masses n'auraient donc qu'à laisser le gouvernement du pays à des hommes qui comprendraient ses intérêts mieux qu'elles ; elles pourraient s'occuper, elles, de leurs propres affaires, et le commerce, et l'industrie, et tout irait beaucoup mieux, et la tranquillité serait générale, parce que chacun ferait son métier.

Et puis, la profession de député ou de maire, etc., étant rétribuée par l'Etat, je voudrais que ceux qui embrasseraient cette carrière dussent s'y adonner entièrement et exclusivement, de façon à n'avoir pas à s'occuper, en même temps que des intérêts du pays, de ceux de leur raffinerie de sucre, ou de leur diocèse, ou de leurs malades : CECI TUERAIT CELA. Car je viens de dire qu'un jugement sage est le résultat de la réflexion ; or, celui qui est occupé d'intérêts commerciaux ou autres, n'a pas assez de temps ni l'esprit assez libre pour réfléchir mûrement à ceux du pays ; de plus, je ne puis pas admettre qu'un conseiller municipal, par exemple, qui se trouve à la tête d'une grande industrie, n'emploiera pas tous les moyens dont il disposera pour favoriser le développement de cette industrie ; je veux bien croire qu'il agira ainsi avec la conviction qu'il travaille au bien de la ville ; mais peut-être se trompe-t-il : on n'est pas bon juge dans une cause où l'on est intéressé.

Ce qu'il y a de curieux, c'est que dernièrement je lisais dans un journal, et dans un journal républicain, qu'un évêque ne devrait pas être admis à s'occuper des choses de la politique.

Or, pourquoi cette exception ? Il me semble à moi,—qui suis loin d'être clérical,—qu'un évêque doit être au contraire beaucoup plus capable qu'un épicier de voir clair dans ces questions et de les traiter avec sagesse.

Si vous ne voulez pas lui en reconnaître le droit, il faut à plus forte raison refuser ce droit à tous ceux qui exercent une profession quelconque. Et c'est ce que je voudrais.

Les intérêts d'une ville, d'un département, d'une nation, valent bien la peine que ceux qui sont chargés d'y veiller y consacrent tout leur temps, toutes leurs facultés. (1)

Il ne serait même pas mauvais que les hommes qui auraient ambitionné ces fonctions, dussent, au moment de les obtenir, prêter le serment *d'agir en toutes choses selon leur conscience et avec désintéressement*, et qu'ils sussent que

(1) Ils seraient alors moins nombreux.

s'ils se négligeaient, s'ils manquaient à leurs engagements, ils pourraient être destitués, ou même mis en accusation, et perdre ainsi leur propre avenir et leur position.. A enx d'accepter ou de refuser.

De cette façon, leur intérêt personnel se trouverait lié aux intérêts de tous — au lieu de leur nuire.

Voilà la solution qui s'est présentée à mon esprit après avoir beaucoup réfléchi aux difficultés de la situation politique actuelle de la France.

Savez-vous quelle est l'objection qui m'a été faite ?

Oh ! elle est d'une naïveté renversante. La voici :

Vous parlez bien d'une école, m'a-t-on dit, mais quels seraient les professeurs, et qu'enseignerait-on dans cette école ?

Il me semble qu'on ne pourrait choisir les premiers professeurs que parmi nos hommes politiques les plus éminents. (*La Fontaine, L. VII, fable* 4.) On en prendrait, si vous voulez, un nombre égal dans chaque parti, mais ils devraient ne jamais aborder dans leurs cours que les questions d'intérêt général, et laisser dormir, là du moins, les questions de partis. Il leur serait facile d'initier leurs élèves aux connaissances qu'ils ont acquises, eux, par la pratique des affaires et par une longue expérience.

N'est-ce pas ainsi que, depuis que le monde est monde, se sont fondées toutes les écoles, et ne faut-il pas un commencement à tout ?

Et maintenant, qu'enseignerait-on ?

Ce n'est pas à moi qu'il appartient de composer un tel programme. Cependant voici quelques idées, bien imparfaites sans doute, que je soumets aux hommes plus compétents que moi :

D'abord les jeunes hommes ne seraient pas admis à cette école avant l'âge de 19 ou 20 ans et devraient remplir certaines conditions qui auraient été déterminées. Pendant deux ou trois années, on exercerait leur intelligence et leur jugement en leur donnant à traiter des questions du genre de celles qu'ils auraient à résoudre plus tard ; on s'efforcerait d'agrandir l'horizon de leurs vues afin qu'ils devinssent capables d'envisager ces questions sous toutes leurs faces et d'en apprécier sainement le pour et le contre —ce qu'il n'est pas donné à tout le monde de faire, ni même à tous nos hommes soi-disant politiques.—On les formerait aussi à exprimer nettement et facilement leur pensée, à développer avec talent et lucidité leurs systèmes, de telle sorte qu'ils ne se bornassent pas plus tard à occuper silencieusement un siége à la Chambre, mais qu'ils pussent y rendre des services réels au pays.

C'est ainsi qu'on pourrait être sûr de ne pas voir quelques orateurs faire triompher leurs idées, uniquement parce qu'ils sauraient à force d'éloquence les imposer à leurs collègues, tandis que d'autres verraient échouer les leurs, souvent aussi bonnes, sinon meilleures, parce qu'ils n'auraient pas su plaider brillamment leur cause, et que d'autres encore, — il pourrait s'en trouver comme cela, — n'oseraient pas présenter des arguments, peut-être excellents, par crainte d'affronter la tribune.

Il y aurait aussi des cours qui seraient faits par des spécialistes distingués et dans lesquels ils enseigneraient à leurs élèves tout ce qui concerne l'agriculture, l'industrie, l'administration, les finances, l'organisation militaire, etc., etc....... Je l'ai dit, je ne fais ici que jeter quelques idées, telles qu'elles se présentent à mon esprit, laissant à des hommes plus autorisés le soin de les creuser pour en tirer tout le parti possible dans l'intérêt général.

Pendant ces trois premières années, les élèves auraient déjà donné la mesure de leurs moyens. Ils subiraient alors un premier examen, et ceux qui l'auraient passé avec succès seraient envoyés, aux frais de l'État, faire leur tour de France. Ils voyageraient ainsi dans nos départements, rédigeant leurs observations sur les ressources et les besoins de chaque contrée, etc., etc. Au bout de quatre ou cinq ans, ils reviendraient et présenteraient ce travail qui serait soumis à un examen attentif (1); ceux qui auraient fait preuve de capacités réelles seraient, à la suite de ce deuxième examen, envoyés à l'étranger pendant plusieurs autres années pour étudier *de visu* les usages des autres peuples, leur administration, leurs constitutions, etc.

Ils rentreraient enfin en France dans la force de l'âge, mais mûris par l'expérience, ayant vécu pendant longtemps loin de leur pays, loin par conséquent des ambitions et des querelles des partis qui leur paraîtraient à leur retour bien mesquines et bien coupables ; ils auraient appris dans leurs voyages à juger toutes choses moins vite et à se défier de leurs premières impressions ; ils seraient devenus moins présomptueux et plus pratiques ; en un mot, ils seraient dans les meilleures conditions pour devenir des hommes politiques vraiment sérieux et capables de faire de grandes choses—tandis qu'aujourd'hui personne ne peut s'empêcher de rire en lisant les belles phrases, les grandes promesses dont les candidats qui se présentent aux élections remplissent leurs professions de foi ; on se demande si vraiment ces gens-là se prennent eux-mêmes au sérieux.

Naturellement, une telle institution deviendrait promptement une source de lumières pour la France. Les élèves feraient des progrès rapides et seraient bientôt plus savants —mettons aussi savants pour ne blesser personne — que leurs premiers maîtres ; les plus distingués deviendraient professeurs à leur tour.

(1) Les professeurs auraient pu faire de leur côté un petit voyage afin d'être à même de juger le travail de leurs élèves en connaissance de cause.

Les emplois politiques seraient donc ainsi accessibles à tous, mais donnés seulement à ceux qui seraient vraiment dignes de les remplir. Des rangs du peuple on verrait sortir, poussés par une noble ambition, des hommes d'une intelligence élevée, des travailleurs ardents; les classes riches, la noblesse, stimulées par l'émulation, voudraient aussi avoir des représentants dignes d'elles.

CELA SERAIT BEAU ! CELA SERAIT GRAND !

De tels hommes, formés à une telle école, pourraient prendre en main les intérêts du pays, et entre eux, et pour toutes les questions à débattre, le vote pourrait décider, parce-qu'ils seraient tous capables d'avoir une opinion et de la discuter.

Encore faudrait-il peut-être, pour approcher aussi près que possible de la perfection — que des mortels ne peuvent atteindre — commencer par évaluer à un certain nombre de points le vote de chacun, selon le degré d'expérienne et de savoir qu'on lui reconnaîtrait, afin d'établir, à peu près, un juste équilibre entre tous. Et c'est précisément parce que cette évaluation—assez facile dans une assemblée peu nombreuse dont tous les membres se connaissent et peuvent s'apprécier — n'est pas applicable au suffrage universel, ET QUE, dans ce dernier cas, LA DISPROPORTION ENTRE LES CAPACITÉS DES ÉLECTEURS EST IMMENSE, que le suffrage universel est une révoltante absurdité.

En outre, je voudrais que les Membres de la Chambre, tout éminents qu'ils seraient, ne pussent trancher une question importante sans s'aider des lumières d'hommes spéciaux, plus compétents qu'eux encore sur le point en litige : Ainsi, lorsqu'il s'agirait d'une question agricole, la Chambre devrait s'adjoindre une commission d'agriculteurs qui seraient élus dans chaque département—ou seulement dans les départements intéressés — par tous les agriculteurs réunis ; si c'était une question militaire, tous les officiers supérieurs de l'armée— ou de l'arme en cause — enverraient à la Chambre un certain nombre d'entre eux (1).

Enfin, après plusieurs années, quand les passions politiques seraient refroidies, quand le pays aurait eu le temps de reconnaître les avantages de ce gouvernement dévoué, sage et éclairé, et qu'il serait disposé à s'abandonner avec confiance entre les mains de ses représentants, ceux-ci auraient à nommer un Chef à l'État et à déterminer définitivement les pouvoirs qui lui seraient confiés, en un mot le régime sous lequel vivrait désormais la France.

Pour mon compte, je sais bien, ou à peu près, quel régime me plairait ; mais comme, n'ayant pas été à mon École, je ne crois pas avoir qualité pour juger la question, je ne parlerai pas de mes idées sur ce grave sujet. Je dirai seulement qu'aucun des partis qui se disputent la France ne me semble pouvoir — ou vouloir — lui donner le Gouvernement dont elle a besoin, et que je crois qu'il serait possible, avec des concessions de part et d'autre et des modifications importantes, d'arriver à beaucoup mieux.

---

(1) Ai-je besoin de faire remarquer que ceci ne ressemblerait en rien à ce qui a lieu actuellement, puisque les agriculteurs délégués pour éclairer la Chambre seraient désignés non par *tous* les habitants de leur département, mais par les *seuls* agriculteurs, c'est-à-dire par les hommes capables de juger ceux qu'ils choisiraient pour représenter leurs intérêts — En outre, ces délégués viendraient de la Chambre comme des avocats pour plaider une cause, laquelle serait jugée par les Représentants de la nation, c'est-à-dire par des hommes désintéressés, tandis qu'avec le système actuel de suffrage universel, les hommes spéciaux qui se trouvent à la Chambre — outre qu'ils peuvent être en trop petit nombre, ou même faire tout-à-fait défaut dans certains cas — sont intéressés dans les questions sur lesquelles ils ont à voter, et par conséquent ne peuvent être des juges impartiaux.

Maintenant j'ai développé mon système. Est-ce une utopie ? Non ! L'utopie c'est le gouvernement du peuple par le peuple. La folie, c'est le suffrage universel. Et pourtant cette folie, cette chose qui révolte la raison, on l'a réalisée : Dieu sait où cela nous conduira.

Mais on devait forcément en arriver là....

Avant 89 il se commettait des abus qui ont amené la Révolution : après s'être révolté contre ces abus, le peuple est tombé dans des abus pires : il ne pouvait pas en être autrement. Le peuple ne comprendra jamais que la sagesse se trouve dans le juste milieu, c'est-à-dire loin des extrêmes ; et c'est parce que je suis, moi, presque aussi éloigné de l'ancienne Royauté que de la République, — ces deux extrêmes, — que je crois être près de la sagesse.

Qu'un seul homme exerce un pouvoir absolu sur toute une nation ; qu'une seule classe dans cette nation jouisse de tous les priviléges, considère la masse des autres citoyens comme des êtres inférieurs et leur refuse le droit, quelle que soit leur intelligence, de prendre dans la société la place à laquelle cette intelligence leur donne droit : voilà un abus.

Mais que ces masses, après avoir secoué le joug s'aveuglent au point de vouloir imposer leurs volontés comme autant de lois, et étouffer sous l'immense majorité de leurs ignorances les voix bien moins nombreuses des hommes éclairés : voilà un autre abus plus révoltant encore : y a-t-il rien de plus hideux que les abus qui viennent d'en bas ?

Les Républicains eux-mêmes sont bien obligés de reconnaître que, pour que le suffrage universel eût une raison d'être, il faudrait que tous les électeurs pussent voter avec jugement : c'est pour cela qu'ils ne cessent de répéter qu'il faut ÉCLAIRER LES MASSES.

Eclairer les masses! Pauvres fous! Voilà leur utopie à eux! Voilà, je la vois, je la touche, la plaie de notre époque! Voilà la base sur laquelle reposent les fameux principes Républicains! Où donc êtes-vous, vous qui cherchez cette pierre philosophale? Approchez-vous un peu, et laissez-moi rire en lisant sur vos visages vos sublimes aspirations. Ah! vous voulez éclairer les masses? Vous voulez que chaque citoyen soit capable de comprendre ses propres intérêts et ceux de tous? Et quand verrons-nous cela? J'imagine que ce sera dans un monde meilleur, quand, devenus de purs esprits, nous aurons tous dépouillé nos enveloppes mortelles et nos infirmités terrestes ?

Ont-ils jamais réfléchi, ceux qui rêvent une telle chose? Je ne le pense pas. Car enfin, ne comprendraient-ils pas que pour être capable de prendre part aux affaires publiques, il ne suffit pas d'avoir reçu quelque instruction, mais qu'il faut encore avoir un jugement sain, une grande sagesse, une intelligence élevée, un désintéressement sans bornes, et que de tels hommes, hélas! sont bien rares!

Vouloir le suffrage universel c'est: ou vouloir abandonner le gouvernement d'un pays à tous les caprices d'une foule ignorante, sotte et présomptueuse, ou vouloir que tous les hommes soient des juges capables de discerner sainement entre le bien et le mal en politique, et alors autant vaudrait leur demander d'être tous des poëtes, des peintres, des musiciens de talent.

Je soutiens, moi, que si l'instruction qu'on réclame pour les masses peut augmenter leur bien-être, elle ne peut nullement les rendre capables de s'occuper de l'étude des graves questions qui intéressent une nation.

Et, si l'on veut bien me permettre, en terminant, une courte digression, je dirai qu'on devrait s'occuper de donner cette instruction avec discernement, car autrement elle devient pernicieuse, pour ceux qui la reçoivent d'abord, pour la société ensuite.

Tout Français devrait savoir lire, écrire et compter, connaître les éléments de sa langue et le plus possible de géographie. Voilà ce qui est utile à tous, ce que je voudrais voir enseigner à tous. Quand l'enfant de l'ouvrier, après avoir reçu cette instruction, entrerait en apprentissage, je voudrais qu'il suivît le soir des cours où il acquerrait les connaissances spéciales qui concernent le métier qu'il apprend — et RIEN DE PLUS.

Ceux-là seuls chez qui leurs maîtres auraient reconnu une intelligence supérieure seraient admis, sur la demande de ces maîtres, et avec le consentement de leurs parents à faire des études plus sérieuses au lieu d'être mis en apprentissage, et choisiraient plus tard leur carrière.

Mais il est pernicieux, je le répète, de donner une instruction variée et forcément superficielle à des enfants qui, devenus hommes devront vivre du travail de leurs mains : c'est les rendre malheureux en leur inspirant des idées plus élevées, des désirs qu'ils ne pourront satisfaire ; c'est en faire de faux savants — la pire espèce d'ignorants — des péroreurs toujours prêts à raisonner sur tout et à se croire des génies ; ce sont ceux-là qui ont les idées les plus fausses sur toutes choses, parce qu'ils croient tout savoir alors qu'ils n'ont rien approfondi ; ce sont ceux-là qui dans les ateliers, dans les cabarets, pervertissent le jugement de leurs camarades qui n'ont pas reçu une aussi *brillante* instruction ; ce sont ceux-là qui font le plus de bruit qu'ils peuvent avec de grandes phrases vides de sens, et c'est d'eux qu'on a dit qu'ils sont comme les bouteilles à goulot étroit qui font d'autant plus de bruit quand on les vide qu'elles renferment moins de liqueur.

Pauvres gens, je les plains ! S'ils font du mal à la société, ils sont bien malheureux eux-mêmes, car ils forment cette innombrable catégorie des déclassés, tristes victimes de l'instruction répandue sans discernement.

Je me résume :

Le suffrage universel, au point de vue de la raison, est une absurdité.

Pour qu'il fût admissible, il faudrait, d'abord, que tous les hommes fussent aptes à exercer leurs droits d'électeurs, c'est-à-dire

assez honnêtes,
assez dévoués à leur pays,
assez intelligents,
assez éclairés,
assez désintéressés
et assez sages

pour pouvoir, sans s'occuper de leurs propres intérêts, raisonner les questions sociales et politiques.

Or, supposer que cela pourrait jamais être est une absurdité. Je mets au défi qu'on me prouve le contraire.

De plus, il faudrait que les électeurs pussent connaître à fond les hommes qu'ils choisissent pour représentants, et se rendre compte de leurs capacités — seconde impossibilité.

Enfin, il est absurde et répugnant que ces représentants du peuple — qui doivent être des hommes d'élite — se fassent en quelque sorte les esclaves de la multitude qui les nomme, mendiant les pratiques, vantant leur étalage et s'injuriant l'un l'autre, comme des boutiquiers en plein vent !

Il est triste de penser que parmi les hommes qui briguent des fonctions publiques, il en est qui, incapables de rendre des services à leurs pays, n'ont d'autre but que celui de satisfaire une sotte vanité en obtenant...... un titre — qui les pose dans le monde !

Non ! il n'y a qu'un moyen d'avoir des hommes politiques sérieux, c'est de fonder une École où ils pourront révéler leurs capacités.

Ce moyen est, je crois, le seul qui puisse satisfaire tout le monde, amener la fusion des partis et faire cesser tous les abus — ANCIENS ET NOUVEAUX.

J'adresse ces réflexions aux hommes éclairés et raisonnables, et non aux masses.

Un gouvernement a pour but de gouverner un peuple, non de lui obéir ; d'établir des lois sages et de les faire respecter ; de protéger les honnêtes gens contre...... les autres, et non de se mettre AU SERVICE du plus grand nombre contre le plus petit.

Les hommes d'ordre, quand ils serrent leurs rangs, SONT TOUJOURS LES PLUS FORTS et dominent la foule de toute la hauteur de leur raison.

Malheureusement, s'ils se laissent entamer, si la queue du serpent vient à conduire la tête, tout est perdu.

Est-il temps encore de faire un retour vers le bon sens et de réagir contre la folie de la queue ?

Ou bien la France doit-elle se résigner à s'abîmer à son tour, comme se sont abîmés déjà tous les peuples qui, avant elle, ont brillé au premier rang dans l'histoire ?

Et le monde lui-même — après que toutes les grandes nations se seront ainsi successivement emparées du flambeau qui éclaire l'humanité et la guide à travers mille obstacles de découvertes en découvertes — le monde, arrivé à son apogée, mais épuisé par ses efforts, usé par l'assouvissement même de toutes ses passions, est-il condamné à rouler du haut de la montagne si péniblement gravie, jusqu'à ce qu'il retombe dégénéré et corrompu, dans le chaos d'où il est sorti ?

Je ne sais.

II.

En demandant la fondation d'une École Politique, je croyais émettre une idée entièrement neuve.

Au moment de publier ce qui précède, j'apprends qu'il existe déjà à Paris une *École libre des Sciences Politiques.*

Bien que cette école présente beaucoup d'analogie avec celle que je voudrais voir instituer, elle est loin de remplir les mêmes conditions et d'avoir le même but.

Elle se propose uniquement de compléter, par la connaissance des sciences politiques qu'elle enseigne, l'éducation des jeunes gens qui se destinent à l'une des carrières suivantes : Diplomatie — Conseil d'État —Administration — Inspection des Finances — Cour des Comptes — et de les préparer aux examens et aux concours qui ouvrent l'entrée de ces différentes carrières.

De plus, cette Ecole a été instituée — dans un but qu'on ne saurait certes trop louer—par des hommes sincèrement dévoués aux idées conservatrices, et, naturellement, ils n'admettent pas qu'on y enseigne d'autres doctrines que celles du parti qu'ils veulent servir. En un mot, c'est une *École privée*, où l'élève peut acquérir, sous la direction de maîtres éminents, les connaissances qui lui sont indispensables pour la carrière à laquelle il se destine, et il est certain que si, plus tard, cet élève est nommé — par le suffrage universel — à des fonctions publiques, il pourra rendre de grands services au Pays ; mais, malgré ses aptitudes...... il n'a pas plus que le premier venu, de chances d'être nommé.

Et puis encore, on reste bien peu de temps—2 ans—à cette école, et l'on est par conséquent bien jeune lorsqu'on en sort définitivement.

Ce que je propose, moi, ce serait une École *fondée par l'État*, où les élèves, une fois admis, suivraient *gratuitement* tous les cours et toutes les conférences, jusqu'à ce qu'ils eussent fait preuve d'une intelligence vraiment supérieure et de capacités réelles ; alors, comme l'État a besoin de pareils hommes, ils recevraient, aussitôt leur premier examen passé, un léger traitement et des indemnités de voyage, afin qu'ils pussent compléter, par leurs observations personnelles et par des études comparatives—résultat de leur séjour dans les contrées qu'ils visiteraient — les connaissances qu'ils auraient déjà acquises ; et enfin, ils seraient nommés officiellement à des fonctions politiques, comme sont nommés actuellement aux différents emplois du Gouvernement, tous ceux qui sortent d'une de ses écoles.

On m'a fait dernièrement de nouvelles objections — que j'avais prévues d'ailleurs - mais qui viennent de personnes trop autorisées pour que je puisse me dispenser d'y répondre.

On m'a dit d'abord : « *Ce que vous proposez ne serait-il pas contraire au Gouvernement actuel de la France ?* »

Que ce soit contraire aux usages adoptés — je le veux bien ; à la souveraineté des masses — certes ; mais au Gouvernement — non !

Je respecte autant que personne le Gouvernement établi, et je le considère comme nécessaire pour assurer pendant un certain temps la tranquillité du pays ; mais je crois qu'on peut, qu'on DOIT même, pendant ce temps, songer à l'avenir et préparer un régime qui amène, s'il se peut, la concorde entre les partis.

Aujourd'hui, les Républicains s'efforcent d'enraciner la République en France, de l'y établir définitivement.

Mais les autres partis ne tentent-ils pas de ramener un autre régime ? Etant donné que nous sommes en République, si cette République n'était pas révisable, les Royalistes, les Bonapartistes pourraient être considérés comme conspirant contre le Gouvernement.

Moi, j'attaque un principe : la souveraineté des masses. Je ne fais que ce que font tous les journaux — même des journaux républicains — qui sans cesse ridiculisent les travers du suffrage universel.

Tous les conservateurs avec lesquels j'ai causé sur ce sujet m'ont dit : « *Certes nous sommes contre le suffrage » universel dont nous constatons chaque jour les mauvais » résultats, mais comment pourrait-on l'abolir ?* »

Il faudrait, je crois, commencer par s'entendre sur un moyen sage de le remplacer ; et puis, quand on serait fixé sur ce moyen, il faudrait VOULOIR FERMEMENT.

« *Ce serait,* » m'a t-on dit, « *bien difficile de lutter » contre une institution établie, et de persuader aux masses » de renoncer à un droit dont elles sont si fières, et qu'elles » n'abandonneront pas volontiers.* »

Mais d'abord, si les hommes d'ordre, si tous les gens raisonnables et éclairés reconnaissent que cette institution établie, que ces droits qu'on a laissé prendre aux masses sont contraires à la nation, contraires à ces masses mêmes qui, aveuglées par leur sotte vanité — comme la queue du serpent — ne comprennent pas qu'elles conduisent la France entière à la ruine en mettant à sa tête les premiers venus ; si, dis-je, les hommes d'ordre reconnaissent cela, ne DOIVENT-ils pas s'opposer de toutes leurs forces à cette folie dont les conséquences seraient forcément si désastreuses ? N'est-il pas de leur devoir de Français de lutter énergiquement contre les aveugles, sans s'inquiéter des difficultés de la lutte ?

Ensuite, si le système que j'ai indiqué est sage, et si on se donnait la peine de le proposer à la nation, de lui en expliquer les avantages, je ne vois pas pourquoi on ne réussirait pas à le faire adopter..... même par la majorité.

« *Eh bien,* » m'a-t-on répondu, « *essayez un peu d'aller* » *parler contre le suffrage universel dans les réunions* » *politiques, essayez d'aller y prêcher la raison* SANS » FLATTER LES MASSES, *essayez d'aller museler le tigre, et* » *vous verrez comment le tigre vous recevra.* »

Eh ! sans doute, je ne puis, à moi seul, convertir la France à mes idées ; et, quand j'espérerais même pouvoir y réussir, JE NE L'ESSAYERAIS PAS.

Je n'ai en vue, moi, que de lutter pour la RAISON contre la FOLIE ; et, quelque excellentes que pussent me paraître mes idées je ne voudrais certainement rien tenter pour les faire adopter avant de savoir que les hommes éclairés les approuvent. Mais si, après les avoir examinées, ils les jugeaient sages — ou s'ils trouvaient un autre système meilleur — ils pourraient, ensemble, faire ce que seul je ne puis : ils pourraient organiser une association, une sorte de croisade contre les envahissements de la démagogie, et, mettant de côte tout esprit de parti, se répandre dans toute la France, faire appel au simple bon sens, prouver par des arguments irréfutables qu'ils ont pour eux la raison, agir avec sincérité, avec persévérance ; et, je le répète, je ne vois pas pourquoi la majorité les citoyens ne se rangerait pas à leur avis.

Après cette tentative, s'il était prouvé *qu'on ne peut*

prêcher la raison sans flatter les masses ; si ces masses, — c'est-à-dire la foule des sots, des méchants, des ignorants, des perturbateurs — refusaient d'accepter ce que les hommes éclairés auraient reconnu nécessaire : alors j'avoue que je ne vois pas pourquoi ces hommes, qui sont les seuls soutiens de l'ordre, n'imposeraient pas leur volonté au nom du salut de la Patrie. Ne doivent-ils pas au besoin, comme les gendarmes, faire respecter leur autorité quand il y va de l'intérêt général ?

Les Révolutionnaires, pour revendiquer des droits exagérés, pour faire reconnaître la souveraineté du peuple, n'ont pas reculé autrefois devant les plus épouvantables cruautés ;......... naguère encore nous avons vu les communards marcher sur les nobles traces de leurs nobles ancêtres. Ah ! ils ne ménagent rien, eux, pour arriver à leur but, et là est toute leur force. Pourquoi donc les hommes d'ordre hésiteraient-ils à agir avec fermeté ?

« *Vous avez raison*, m'a-t-on dit, *mais malheureusement* » *il faut bien reconnaître que maintenant, chez nous, les* » *hommes d'ordre manquent d'énergie.* »

D'abord, ils ne manquent d'énergie que parce qu'ils ne songent pas à s'unir, parce qu'ils sont divisés par les partis.

Aiment-ils donc mieux, pour ne pas museler le tigre, se laisser dévorer comme des moutons sans défense ?

S'il ne s'agissait encore que d'eux, je les admirerais de se sacrifier à la tranquillité publique ; mais.... s'il était vrai que leur inaction dût amener des désordres terribles, des excès de toutes sortes ;... s'il était vrai qu'en se laissant écraser ce fût la ruine même de la Patrie qu'ils laisseraient consommer : cette abnégation, je le demande, ne deviendrait elle pas.... une lâcheté ?

A tout prendre, j'aimerais mieux alors les voir se retirer complètement et dire à leurs adversaires : « *Nous vous*

» *cédons la place, mais nous vous refusons notre concours ;* » *agissez sans nous et portez seuls la responsabilité de vos actes ;* » tandis que s'ils continuent de lutter avec les armes qu'on leur laisse entre les mains, s'ils veulent tenir tête au nombre quand c'est le nombre qui tient lieu de bon droit, ils doivent comprendre qu'ils seront toujours vaincus, et que chaque bataille constitue forcément pour leurs adversaires .. quelque chose qui a les apparences d'une victoire loyalement remportée.

On m'a dit encore : « *Le système que vous proposez* » *aurait dans son application un grand inconvénient :* » *Tous les jeunes hommes qui après avoir été admis à votre* » *École n'auraient pas réussi dans leurs examens seraient* » *autant de déclassés qui, ayant acquis quelques connais-* » *sances, auraient une certaine autorité sur le vulgaire et,* » *mécontents, feraient de l'opposition.* »

De l'opposition ? A quoi, puisqu'il n'y aurait plus de partis ? De l'opposition à l'ordre ? Eh bien ! on les corrigerait pour leur ôter l'envie de continuer. Tout ce qu'ils pourraient faire, ce serait des observations, des objections, des critiques. Alors il serait sage de tenir compte de celles qui en vaudraient la peine, car je pense qu'on doit toujours écouter un avis, de quelque part qu'il vienne, quand il est bon ou qu'il est donné dans une bonne intention.

Ensuite, l'École que je propose ne produirait pas plus de déclassés que n'en produisent toutes les autres Écoles du Gouvernement, et mon système aurait au contraire l'immense avantage d'empêcher les déclassés de toute sorte de se jeter dans la politique, puisque ne pouvant prétendre à aucune fonction publique, ils seraient forcés de renoncer à une carrière dont l'accès leur serait fermé.

Je dis « carrière. » La politique, en effet, deviendrait alors véritablement une carrière comme le barreau, la médecine, etc. Les Représentants de la nation ne sont-ils pas ses médecins spirituels ? — et j'avoue que la nation me paraît être une malade qui a grand besoin de remèdes efficaces et des secours des hommes de l'art : c'est pourquoi je pense que l'on ne saurait être trop difficile dans le choix des médecins auxquels on confie le soin de sa santé, ni leur demander trop de garanties de leur savoir.

Des partisans du suffrage universel m'ont dit : « *Mais » pourquoi contestez-vous à la nation le droit de choisir » elle-même ses représentants ? Est-ce que vous refusez à » tout homme qui est malade ou qui a un procès le droit » de prendre l'avocat, le médecin en qui il a le plus de » confiance ?* »

Non certes ; mais le cas n'est pas le même.

D'abord, les médecins, les avocats ont tous reçu un diplôme ; donc le choix du public ne peut s'égarer beaucoup.

Ensuite, lorsque vous avez recours à un médecin, à un avocat, votre intérêt seul est en jeu, non le mien, ni celui du voisin : il est donc très naturel que vous choisissiez qui bon vous semble. Mais, lorsqu'il s'agit de nommer un médecin dans un hôpital, fait-on voter tous les malades de cet hôpital, pour savoir sur qui se portera leur choix ? ou, si l'on veut élever un docteur à un poste quelconque, lui confier une chaire de professeur, a-t-on recours au suffrage de toutes les personnes auxquelles il a donné ses soins ? De même, si je vous reconnais le droit de soigner vos intérêts personnels à votre guise, je ne vous reconnais pas celui de vous mêler des intérêts publics ; je proteste contre ce droit que vous avez pris et qui vous permet, à vous sots, à vous incapables, de faire pencher de votre côté le plateau de la balance parce que vous êtes les plus nombreux.

Comprenez bien que ce droit que je vous dénie je me le refuse à moi-même, je le refuse à tous, parce qu'il me paraît contraire à l'équité.

Supposez que dans une armée, les soldats nomment leurs généraux ; — cela serait beaucoup moins absurde que de vouloir que le peuple nomme ses représentants, car, en somme, tous les votants seraient gens du métier ; — cependant avec ce système il n'y aurait plus d'armée possible :

En effet, d'abord les soldats seraient de mauvais juges des talents de ceux qu'ils mettraient à leur tête ; ensuite les chefs se trouveraient en quelque sorte à la merci de leurs subordonnés qui, pour un oui, pour un non, pour un ordre qu'ils trouveraient mauvais parce qu'ils ne le comprendraient pas, renverseraient demain celui qu'ils auraient nommé hier.... s'ils ne le fusillaient pas impitoyablement ; — tandis que si ces soldats savent que leurs chefs ont étudié et étudient tous les jours pour accroître leurs connaissances militaires, que les plus instruits montent en grade, que, par conséquent, ceux qui occupent les postes les plus élevés sont en effet les plus méritants, ils sont bien forcés d'avoir une sorte de respect pour de tels chefs, de reconnaître leur supériorité, d'avoir confiance dans leurs talents.

Il y aurait bien une autre manière d'appliquer le suffrage universel :

Au lieu de laisser les soldats nommer tous leurs chefs ne pourrait-on les laisser nommer seulement leurs caporaux ? ceux-ci nommeraient les sous-officiers ; les sous-officiers nommeraient les adjudants, et ainsi de suite jusqu'au ministre de la guerre.

Eh bien ! ce système serait fort mauvais, parce qu'il pécherait par la base : les soldats prendraient toujours pour caporaux les « *bons zigues*, » ceux qui ne les mettraient pas à la salle de police, et avec qui, au lieu de faire des corvées, ils pourraient aller vider des bouteilles à la cantine.

La première impulsion donnée étant mauvaise, la machine irait de travers.

Et puis, essayez donc d'appliquer cela à la nation?

Vous aurez alors le *suffrage à deux degrés*. Il faudrait plus de degrés que cela du simple soldat au général. M. Taine (1), en proposant ce moyen, a sans doute voulu entre deux maux choisir le moindre : à mon sens, le suffrage universel, sous quelque forme qu'il soit employé, est toujours un mal, et un mal bien dangereux :

Avec le suffrage à deux degrés il y aura, comme avec l'autre, des meneurs qui seront tout-puissants auprès des imbéciles — si nombreux !

Il y aura, autant et même plus qu'avec l'autre, des coteries, des intérêts personnels en jeu, des complaisances : nomme-moi aujourd'hui, je t'aiderai à être nommé demain ;

Et puis, dans les villes, les habitants d'un même quartier ne se connaissent pas ;

Et puis, les électeurs du deuxième degré seraient aussi presque toujours étrangers les uns aux autres ;

Et puis ils seraient toujours de mauvais juges des capacités des candidats ;

Et puis .. et puis... je ne finirais pas.

Voici encore un autre système :

En faisant voter tous les soldats, on obtiendra forcément un mauvais résultat ; mais ne pourrait-on donner le droit de voter à un certain nombre d'entre eux seulement, aux élèves-caporaux, par exemple ?

---

(1) Du suffrage universel et de la manière de voter, par H. TAINE.— *Librairie Hachette.*

Pour parler franchement, ce dernier système de *suffrage restreint*—qui, au premier abord, pourrait sembler meilleur que les précédents — me paraît à moi plutôt pire :

En effet, même dans un Régiment, — où il serait facile de désigner un certain nombre d'électeurs parmi les plus intelligents,— on n'obtiendrait rien de bon :

D'abord, tous ceux qui n'auraient pas le droit de voter seraient mécontents, par conséquent toujours disposés à juger défavorablement les supérieurs que leur auraient donnés des hommes auxquels ils ne reconnaîtraient pas plus d'autorité qu'à eux-mêmes, — j'allais dire auxquels ils seraient tentés d'en reconnaître moins, précisément parce qu'on leur aurait donné la préférence.

Pour peu qu'un mauvais choix eût été fait, vous entendez d'ici les récriminations des non-électeurs qui ne manqueraient pas à tout propos de faire du tapage, de se révolter même —partant, plus d'ordre.

Entre les électeurs eux-mêmes, il y aurait toujours les éternelles cabales, les jalousies, les complaisances.

Si vous voulez maintenant transporter cela du régiment à la nation, vous verrez que le suffrage restreint, mauvais là, est absolument impraticable ici :

Il serait tout-à-fait impossible de désigner les citoyens-votants *d'après leur dégré d'intelligence* ; prendre, comme en Angleterre, ceux qui, ayant une certaine aisance, pourraient payer une certaine somme à l'État, serait absolument contraire à l'équité : un coquin peut être riche — les coquins enrichis ne sont même pas rares — tandis qu'un homme honnête, instruit, intelligent, peut être pauvre et l'est souvent.

Remarquez encore qu'ici les élèves-caporaux, au lieu d'avoir à nommer des caporaux, devraient élire au moins des colonels : pensez-vous qu'ils seraient compétents ?

De plus, les citoyens auxquels vous refuseriez le droit

de voter seraient précisément ceux qui composent les classes les plus turbulentes, les plus dangereuses... et qui tiennent le plus à s'occuper des affaires publiques. Dieu sait s'ils laisseraient échapper une si belle occasion de crier à l'injustice !

Enfin, — et j'appelle l'attention sur ce point, — si l'on admet qu'il serait bon (en supposant que cela fût possible), de *désigner* les citoyens capables de prendre part aux élections, pourquoi ne pas accepter l'Ecole que je propose où l'on jugerait, — mieux que ne peuvent le faire tous les électeurs de France, — les hommes vraiment dignes de représenter la nation ?

Mais non ! on prétend aujourd'hui, — ainsi que je l'ai entendu soutenir tout récemment à Paris, — *que le peuple est le seul souverain, que ses représentants sont ses serviteurs à gages, et que le Chef de l'Etat ne doit être que le* Soliveau de la Fable.

Chacun sait en effet que ce sont bien là les Principes Républicains ;

Mais, en vérité, n'est-ce pas le renversement de tout ordre, de toute raison ? N'est-ce pas la queue du serpent voulant diriger la tête ?

Alors, malheureux égarés, si vous voulez être souverains, si vous vous croyez capables de gouverner, ce ne sont pas des hommes d'élite que vous devez chercher pour vous représenter ; vous ne devez pas entourer d'honneurs ces hommes et leur donner un traitement considérable..... soyez donc conséquents avec vous-mêmes, et prenez des employés à 1,200 fr. par an, auxquels vous tracerez la tâche qu'ils auront à accomplir.

Quant à cette théorie que *l'on ne peut disposer de*

l'argent, de la vie des citoyens sans les consulter tous, je ne l'admets point.

Que l'on ne puisse disposer de cet argent, de ce sang des citoyens que dans un but d'intérêt général, — c'est incontestable ; mais, *précisément à cause de cela*, on ne doit consulter que les hommes éclairés qui ont qualité pour représenter le pays, — sauf à tenir compte des réclamations fondées, des observations justes qui pourraient surgir, — et non pas les ignorants, les sots, les lâches, les masses. (1)

La tête doit conduire la queue ; la queue doit avoir une aveugle confiance dans la tête. Autrement il n'y a pas d'ordre possible.

Il faut que le pays soit bien convaincu qu'en consultant ses représentants on le consulte lui-même.

Mais il faut pour cela que ces représentants du pays soient dignes de lui inspirer cette aveugle confiance qui est indispensable ; il faut qu'ils soient vraiment des hommes d'élite ; il faut qu'ils aient étudié, qu'ils aient fait leurs preuves et qu'on ait pu les juger. — Voilà pourquoi il faut une École Politique.

Je sais bien qu'on va me dire : « *Mais enfin, votre » système a bien aussi ses inconvénients : Et les passe-» droit ? Et les faveurs ?* »

Ah ! cette fois voilà une observation que je trouve fort juste : car ces passe-droit, ces faveurs sont peut-être une des principales causes du mécontentement des masses.

Mais j'ai répondu d'avance à cette objection en demandant qu'on fasse prêter serment à tous ceux auxquels on confierait des emplois politiques D'AGIR EN TOUTES CHOSES SELON LEUR CONSCIENCE ET AVEC DÉSINTÉRESSEMENT.

Voir la note à la dernière page.

Chez les Anglais, dont on vante beaucoup le gouvernement, la machine fonctionne plus simplement : c'est l'aristocratie qui est à la tête du pays ; — et le pays a toute confiance dans ses représentants, parce qu'il a le bon sens de comprendre que les hommes appartenant aux classes élevées ont — généralement — plus de savoir, et, sinon plus d'intelligence, du moins l'intelligence plus cultivée que les ouvriers ou les paysans ; que, par conséquent, ils sont en quelque sorte les représentants naturels de la nation.

Notez en passant que les membres du Parlement anglais ne recevant de l'Etat aucun traitement, s'occupant avec désintéressement des intérêts de leur pays, et se faisant un honneur d'exercer des fonctions qui ne leur rapportent rien, ont bien quelque droit à la confiance du public

En France, nous avons fait de grands progrès, et un tel gouvernement n'est plus possible. Le peuple ne veut plus se voir dans un état d'infériorité ; il ne veut plus qu'une seule classe ait tous les droits, parce qu'il prétend qu'elle pourrait en abuser. Peuple, mon ami, je ne te contrarierai pas sur ce point. Nous sommes, je le sais, dans un siècle et dans un pays où l'on ne reconnaît plus que la *souveraineté de l'Intelligence*. Jusqu'ici, mon Dieu ! tu n'as peut-être pas tout-à-fait tort. Mais, crois-moi, restes-en là, et du moins ne cherche pas à m'imposer la souveraineté de l'Ign....., ta souveraineté, enfin ! Celle-là, je ne l'admettrai jamais !

Il faut des hommes capables pour gouverner un pays, comme il faut une tête au serpent de la fable, comme il faut des généraux à une armée, comme il faut des chefs à toute entreprise. Qu'on choisisse ces hommes parmi les plus éclairés à quelque classe qu'ils appartiennent ; qu'on écarte ceux qui n'ont d'autre mérite que celui de leur haute naissance ; mais qu'on écarte à bien plus forte raison ceux qui n'ont d'autre mérite que celui de sortir d'en bas ; et que tous ceux qui n'ont pas qualité pour traiter les affaires publiques, — riches et pauvres, nobles et vilains, ouvriers et paysans, tout en occupant dans la société le rang auquel leur naissance, leur fortune ou leur position LEUR DONNE DROIT — que tous se laissent gouverner par ceux que leurs lumières auront fait placer à la tête du pays.

Mais pour que ceux-ci soient dignes d'inspirer le respect et la confiance, il faut qu'ils aient passé par le creuset.... d'une École Politique : c'est mon *delenda Carthago*. Que voulez-vous ? je ne vois pas de moyen préférable.

La dernière objection qui m'a été faite est celle-ci : « Il » *faudrait bien longtemps pour obtenir des résultats avec* » *votre système.* »

Pensez-vous qu'on arrivera plus vite à éclairer les masses ? — en supposant qu'on y arrive, CE QUI EST IMPOSSIBLE.

Il ne faudrait pas d'ailleurs aussi longtemps que vous semblez le croire, pour avoir déjà une bonne organisation.

Supposez que — sans rien changer à notre gouvernement actuel — on mette, dès maintenant, mon projet à exécution. Dans 25 ou 30 ans, — cela n'est pas bien long, — nous pourrions déjà avoir une Chambre composée d'anciens élèves de l'École Politique. Cette Chambre une fois constituée continuerait de se recruter parmi les élèves de l'École, et choisirait ceux de ses membres qu'elle enverrait au Sénat. Le Sénat à son tour se recruterait ensuite lui-même parmi les membres de la Chambre. Tout cela pourrait se faire sans bouleversement, sans révolution.

Si, à mes yeux, mon système est meilleur que les autres,

c'est qu'au lieu de dire aux masses, comme les hommes de parti : — « Nommez mon candidat, et la France est sau- » vée ! » — « Ne le nommez pas, ou vous êtes perdus ! » — « Celui ci est un grand homme ! » — « C'est le dernier des » misérables ! » — « Malotrus ! » — « Coquins ! »

Je dis tout bonnement : « Citoyens, mes amis, mêlons-nous de nos affaires et ne prétendons pas trancher des questions que nous ne pouvons résoudre ; laissons mettre à notre tête des hommes d'élite que nous sommes tout-à-fait incapables — vous et moi — de découvrir nous-mêmes et de juger.

Et surtout au lieu de nous déchirer les uns les autres, SOYONS UNIS !

Pour cela il faut que nos Représentants sentent qu'ils sont les *Représentants de la nation*, et non les *Représentants d'un parti ;*

Car si eux se disputent continuellement sans parvenir à s'entendre, comment l'accord pourrait-il exister entre les citoyens ? Comment le pays pourrait-il être calme ?

Qu'on n'aille pas croire, au moins, que je me forge des illusions et que je me flatte de voir un jour adopter mes idées, mais je tiens à les faire connaître, uniquement parce qu'il me plaît de dire ce que je pense, franchement, loyalement, impartialement — ne fût-ce que pour ne pas agir comme tout le monde.

NOTE.

Il me paraît à-propos de citer ici, pour l'édification du lecteur, deux passages extraits de deux articles qui ont paru dernièrement, à quelques jours d'intervalle, dans un journal républicain.

Ce journal, parlant du suffrage universel, dit :

« Les légitimistes vont sentir qu'il n'ont plus de raison » d'être. A quoi bon, en effet, faire des vœux pour » Henri V, puisque, décidément, les villes, les campagnes » mêmes n'en veulent plus aujourd'hui ;

» Puisque toutes traduisent l'avénement de la monarchie » du droit divin par :

» suprématie des cléricaux ;
» retour au temps des missions ;
» au temps des billets de confession ;
» de la dîme ;
» des mariages exclusivement religieux ;
» de l'instruction des bourgeois par les professeurs de » St-Acheul ;
» de celle des enfants du peuple par les Frères ignorantins ;
» d'un ministère Dupanloup ;
» de la censure exercée par Louis Veuillot ;
» de la police confiée à la direction du général des Jésuites « avec les bons pères pour agents, etc.

» Que ces conséquences soient vraies ou forcées, peu » importe, *puisque ce sont celles que tirent les électeurs* ; » nous ne ferons pas qu'il en soit autrement : il faut nous » résigner......

» Ils se résigneront, bien convaincus qu'on ne gouverne » pas un peuple malgré lui, surtout aujourd'hui qu'il a » goûté *par instants* de la souveraineté.......

» Ils ont dû comprendre qu'il n'y avait plus qu'un parti à
» prendre, celui de *se ranger du côté du plus fort.* »

On voit que je n'ai rien exagéré quand j'ai dit ce que sont les principes Républicains. Mais j'avoue que je n'aurais pas pensé que les Républicains eux-mêmes — j'entends des Républicains d'esprit — pussent oser avouer, en plein journal, qu'à leurs yeux, *le bon droit n'est rien et que le nombre est tout* — que le seul parti qu'il y ait à prendre, c'est de *se ranger du côté des plus forts.*

Les beaux principes, en vérité !

Et puis...., que pensez-vous de cette allusion aux époques de notre histoire — *courts instants* pendant lesquels le peuple a goûté de la souveraineté ?

Voici maintenant le revers de la médaille :

Dans ce même journal, qui a une si grande admiration pour les masses quand il s'agit de politique — il est sage de braire avec les ânes quand les ânes sont des loups, c'est lui même qui nous l'enseigne — on traite ces mêmes masses — quand il s'agit d'autre chose — avec une irrévérence ! Jugez-en :

Le Rédacteur démontre que pour prendre une vue de la Place de la Concorde, un peintre serait fort mal à son aise s'il installait son chevalet sur un trottoir :

» Vous figurez-vous quelle intolérable chose ce serait
» que de peindre en ayant derrière le dos cinq cents *badauds*
» et *badaudes* échangeant des *commentaires idiots à créti-*
» *nisme que veux-tu ?*

» Il faudrait au bout d'une heure qu'une charge de
» cavalerie vînt dégager l'infortuné artiste étouffé par un
» attroupement de *Béotiens.* »

Oh !! Pauvre peuple souverain !!!

Quantum mutatus ab illo !

Boulogne-sur-mer.—Imp. F. DELAHODDE, rue Royale, 8 ter.

www.ingramcontent.com/pod-product-compliance
Ingram Content Group UK Ltd.
Pitfield, Milton Keynes, MK11 3LW, UK
UKHW020455230726
13925UKWH00005B/1942